Monique Escoffier

Sauvons nous, sans fuir

Monique Escoffier

Sauvons nous, sans fuir

Etat des lieux et techniques libératrices

Éditions Vie

Impressum / Mentions légales
Bibliografische Information der Deutschen Nationalbibliothek: Die Deutsche Nationalbibliothek verzeichnet diese Publikation in der Deutschen Nationalbibliografie; detaillierte bibliografische Daten sind im Internet über http://dnb.d-nb.de abrufbar.
Alle in diesem Buch genannten Marken und Produktnamen unterliegen warenzeichen-, marken- oder patentrechtlichem Schutz bzw. sind Warenzeichen oder eingetragene Warenzeichen der jeweiligen Inhaber. Die Wiedergabe von Marken, Produktnamen, Gebrauchsnamen, Handelsnamen, Warenbezeichnungen u.s.w. in diesem Werk berechtigt auch ohne besondere Kennzeichnung nicht zu der Annahme, dass solche Namen im Sinne der Warenzeichen- und Markenschutzgesetzgebung als frei zu betrachten wären und daher von jedermann benutzt werden dürften.

Information bibliographique publiée par la Deutsche Nationalbibliothek: La Deutsche Nationalbibliothek inscrit cette publication à la Deutsche Nationalbibliografie; des données bibliographiques détaillées sont disponibles sur internet à l'adresse http://dnb.d-nb.de.
Toutes marques et noms de produits mentionnés dans ce livre demeurent sous la protection des marques, des marques déposées et des brevets, et sont des marques ou des marques déposées de leurs détenteurs respectifs. L'utilisation des marques, noms de produits, noms communs, noms commerciaux, descriptions de produits, etc, même sans qu'ils soient mentionnés de façon particulière dans ce livre ne signifie en aucune façon que ces noms peuvent être utilisés sans restriction à l'égard de la législation pour la protection des marques et des marques déposées et pourraient donc être utilisés par quiconque.

Coverbild / Photo de couverture: www.ingimage.com

Verlag / Editeur:
Éditions universitaires européennes
ist ein Imprint der / est une marque déposée de
OmniScriptum GmbH & Co. KG
Heinrich-Böcking-Str. 6-8, 66121 Saarbrücken, Deutschland / Allemagne
Email: info@editions-ue.com

Herstellung: siehe letzte Seite /
Impression: voir la dernière page
ISBN: 978-3-639-65293-2

Sauvons nous sans fuir !

Etat des lieux et techniques libératrices

Monique ESCOFFIER

Ce livre se vaut un coup de gueule sur tout ce qui se passe. C'est un témoignage de colère pour nous qui sommes endormis depuis trop longtemps. Il est peut-être temps de lire autre chose que « la belle au bois dormant ». Je n'ai pas de baguette magique, je n'ai pas de pouvoir mais j'ai ma pensé, mon courage, et mon amour pour tous les êtres de la terre et pour la terre elle-même.

Malgré mon parcours de thérapeute il m'arrive d'entendre encore des histoires de vie difficiles et notamment tout ce qui touche aux enfants. Je ne peux aujourd'hui vous dire le nombre de parcours de vie ayant commencé par de la violence. Il ne faut pas jouer la politique de l'autruche, la tête dans le sable…..Je reçois beaucoup d'adultes ayant eu des traumatismes dans leur vie d'enfant et ils se disent « ce n'est pas grave, j'y pense plus… » Comment ça, ce n'est pas grave !de profiter de la vulnérabilité d'un enfant, de trahir sa confiance en son corps, de l'abimé au plus profond de son être et de faire de cet enfant un adulte en souffrance.

Combien sommes-nous dans ce cas-là ? Combien ont subi des sévices de toutes sortes qui marquent encore leur adulte d'aujourd'hui ? Qui ne revit pas une blessure d'âme ?

Il y a dans ce monde tant de cruauté sur les enfants sur les femmes et sur les personnes vulnérables : malades ou âgées. Comment notre humanité peut-elle rester insensible ? Comment pouvoir se regarder à travers les philtres de notre vie et se dire « tout va bien ».

Non, tout ne va pas bien et notre société tourne à l'envers. Nous sommes aujourd'hui sur un plan économique plus humain. Nous passons l'argent avant l'amour, nous privilégiions notre vie au travail plutôt que familiale, notre préférons note confort plutôt que la planète et nous tuons, nous saccageons tout ce que la vie nous offre dans ces plus belles merveilles….

Mais dans quelle folie l'homme s'engage-t-il de ne plus vouloir être humain ? En se coupant de ses émotions il se transforme en machine en robot et ne supporte plus le coté émotionnel qui est le propre de l'homme….Que voulons-nous donc être ? Après ils se plaignent « je ne vais pas bien » mais n'est-ce pas normal ? Je suis désolée de vous le dire : « vous êtes des êtres humain donc ayant en premier des émotions, un cerveau qui ne devrait qu'être un outil et non l'inverse. »

Je suis aussi responsable car comme les autres je ferme les yeux, je m'apitoies et ne pense qu'à moi. Aujourd'hui peut-être je fais un geste celui de vivre plus dans la conscience du monde, dans la réalité de la vie, et j'appelle tous les êtres humains a avoir une pensée sur ce que nous faisons, sur ce qui est important au sens de la vie et ce qui ne l'est pas.

Essayons, même si cela parait utopique de nous rassembler, d'être des humains ensemble à défendre la cause de la vie, la cause des plus faibles, des plus vulnérables. Qui est dans ce monde le plus fort » celui qui subit » ou nous qui fuyons ?

Notre lâcheté est grande mais si aujourd'hui on pouvait repenser notre demain peut-être tout ne serait pas vain et nous réapprendrions à vivre en harmonie avec nous même, avec les autres, et avec notre planète.

Un jour elle va mourir et ce sera nous les seuls responsables. Fatiguée de notre aveuglement, de notre égoïsme.

La plus belle création qui se bat contre soi, qui se bat pour défendre un ego qui n'existe pas…..

Qu'avez-vous peur de perdre en vous trouvant nous-même, en nous aimant nous-même ?

Avez-vous seulement conscience de la violence que nous générons sur cette terre ?

Il y a les riches et les pauvres, les pauvres étant les délaissés, les non utiles. Pourtant c'est à travers chaque personne que nous sauvons que nous nous sauvons nous même. C'est à travers un sourire que la vie nous sourit, c'est avec une main qui va créer du lien, du sens que nous trouverons le nôtre.

Nous sommes partis sur de mauvaises bases. Notre société ne vit que dans le paraitre, l'illusion d'être et nous nous perdons chaque jour un peu plus. Que va penser les autres : peur du jugement, besoin de plaire pour avoir de l'amour….

Nous recherchons toujours en dehors de nous les manques qui sont présents. Apprenons a nous suffire à nous-même a nous apporter ce qui nous manque ? Arrêtons d'attendre car à travers l'attente il n'y a que la frustration, la déception et la colère…..

Dans mon autre livre je parlais de tous ces systèmes qui nous conditionnent à la base de notre vie. Nous avons vu combien ils étaient inconscients et enfouis en nous. Hélas, tout cela n'est qu'un formatage de la société dans laquelle nous vivons. Si nous étions nés ailleurs il y aurait sans doute d'autres formatages.

Je pense qu'au fin fond de l'Afrique ils ne pensent pas au paraitre, la dernière tenue chic, le que va-t-on dire de moi ? Mais ici en France, et si vous êtes vers la cote ce n'est que cela.

Regardons aujourd'hui a travers le philtre de nos personnalité ce qui se cache dans les coulisses……La lumière viendra par la connaissance

Les structures de personnalité

Qu'est-ce que c'est ? Nous en avons tous une de base qui correspond à notre évolution dans notre histoire et aux stades de notre développement suivant Freud a savoir : narcissique, oral, anal, phallique, œdipe et latence.

Les stades et les zones érogènes qui se développent:

Narcissique de la naissance à 3 mois : Peau
Oral et oral actif de 3 à 18 mois: bouche œsophage et les cordes vocales et mordre

Anal de 18 mois à 4 ans: anus
Phallique de 4 ans à 6 ans : organes génitaux externes

Complexe d'Œdipe
Période de latence de 6 à 12 ans: accalmie
Adolescence après 12ans

Ce qui va marquer une défaillance c'est un excès soit en hypo soit en hyper.

Nous l'avons vu dans mon précédent livre l'enfant ne se fait que d'émotions et reproduction jusqu'à ses 12ans. Il n'a pas la faculté mentale d'intégrer des raisonnements logiques avant. Après ses 12ans il accède à la capacité d'analyse.
Personnalité anxieuse

Le maitre mot de cette personnalité est l'anxiété, peur de tout allant jusqu'à fuir pour ne pas affronter le conflit. Il y en a beaucoup autour de nous et comme si cela ne suffisait pas ils se rajoutent un « moi parfait », « ne sait pas dire nos par peur de déplaire » mes estime, manque de confiance, peur de la solitude, de l'abandon, de la mort…..Il peut même se greffer des phobies….super tableau. Mais rien n'est immuable à la condition de vouloir changer, de vouloir se sauver. Qu'est-ce que j'ai si peur de perdre en me trouvant ? « . Le mode de communication est souvent adapté, ils n'osent pas

Caractéristiques -

- Sentiment d'infériorité, pas compétente donc évite les autres
- Anxiété persistante, sentiment d'infériorité
- Evite les situations stressantes par peur
- Problème de place, peur de déranger
- La peur est toujours justifiée dans la réalité mais amplifiée
- Perception de soi dévalorisée, crainte d'être rejetée, critiquée
- Evite les activités sociales ou professionnelles

Les peurs :

- Ne pas être à la hauteur, connaître le vide, affronter le silence, d'être emprisonné dans une relation= ne pas pouvoir bouger

Les envies :

- Attirer l'attention, être reconnu et aimé

Comportement :

- Agitée, nerveuse, regard fuyant, évitement des situations stressantes (prise de parole) rougit, Se dévalorise
- Routine, peur de perdre ses repères
- Ne peut pas prendre de responsabilités, de risques
- Evite les conflits(ne sait pas dire non)et abonde dans notre sens
- Refus de tête à tête= culpabilité car se sent prise au piège
- Tremblements, arythmie, angoisses pouvant amener au suicide, troubles digestifs, insomnies

<u>Ses croyances</u>:

• le monde est plein de danger, si l'on n'est pas vigilant, on court de gros risques

Ses règles personnelles: je dois toujours anticiper les problèmes et toujours prévoir le pire

Personnalité narcissique :

Très prolifique dans le sud de la France il n'y qu'à voir ceux qui se regarde le nombril……on les repère avec leur façon de parler « moi je…. » Les autres n'existent pas forcement je suis science infuse…Utilisation de jeux psychologiques dans le mode de communication. Ils entrainent l'autre dans une dépendance et une dévalorisation de la personne. Ils sont dans la critique acerbe. La profondeur de leur être est une souffrance, un manque profond d'estime et une dévalorisation qu'ils cachent derrière des apparences. Le tableau est joli mais l'intérieur mériterait un coup de peinture.

Il y a une peur de vieillir, de mourir, d'être seul et abandonner. Ils ont souvent un cercle d'amis qui les trouvent drôles. Ce sont souvent des gens intelligents, voir même brillants. Savez-vous Monsieur, Madame narcissique qu'il est très dur de vivre à vos côtés et je reçois aujourd'hui beaucoup de personne ayant un vécu qui les laissent complétement dévastés, anéantis. Si ce n'est pas votre choix et ce que vous souhaitez, remettez-vous en cause car ou que vous soyez il y a des morts. Regardez à l'intérieur de vous et retrouvez la lumière. Utilisation de la chirurgie esthétique, le corps qui se transforme est insupportable car plus personne ne m'aimera…..

Caractéristiques:

• Egocentrique, idée démesurée de sa personne

• Conduites arrogantes

• Sentiment d'être admiré, exhibitionniste

• Indifférence froide

• Sentiment d'infériorité, colère, échec

- Relations interpersonnelles perturbées

<u>Les peurs</u> :
- Etre abandonné, de vieillir, de perdre le regard de l'autre

<u>Les envies</u> :
- D'être touché, caressé, relation fusionnelle, être le centre du monde
- Être tout puissant, soif de pouvoir

Comportement :
- Passe de la personne très sure d'elle à l'enfant apeuré
- « Moi je »parole et allure générale
- Bien habillé ou original, posture hautaine, rigide, poses, se regarde, se recoiffe Jalousie, Souvent des artistes, docteur, avocat, Hypocondriaque, phobie du vieillissement (complément alimentaire, chirurgie), TS

Croyances: je suis exceptionnel (le), les autres passent après moi
Règles personnelles: tout m'est dû, il faut que l'on sache que je suis remarquable

<u>Personnalité hystérique</u>

Ce sont des personnalités proches du narcissique dans le paraitre. Il en ressort un gout exagéré du théâtrale. Si nous les regardons vivre, ils nous font passer de bons moments car c'est mieux qu'une pièce de théâtre. Ces personnalités passent du rire aux larmes en 30 secondes. Elles sont déroutantes. Le mode de communication se situe dans l'enfant, avec jeux psychologique, bouderie, etc. La femme hystérique est dans le plaire à l'autre et utilise pour cela son moyens d'expression corporel. La sexualité y trouve sa place. Identique la peur de vieillir et de mourir. Identique la chirurgie esthétique entre dans le sillage pour perdre du poids, se refaire jeune etc._

Caractéristiques:

- Théâtrale, comédie du rire aux larmes
- Facticités des affects
- Mode de penser imaginaire, vampirise l'autre
- Hyperémotivité, impulsive, exagérations permanente
- Dépendance affective, oubli de grandir

Les peurs :

- Etre abandonné, vieillir, solitude (oral actif et narcissique)

Les envies :

- D'être admiré, contemplé, relation fusionnelle, centre du monde (oral actif)

Le comportement :

- Agitation permanente, excès émotionnel en parole, provoquant, séducteur
- Attire l'attention, en fait trop
- Jalousie
- Trous de mémoire
- Regard qui accroche
- Toujours dans l'imaginaire, mythomanie
- TS, maladie de peau, respiratoires, allergie; hypocondriaque, migraines, amnésie, angoisse, crises de nerf, tétanie, syncopes, vomissements, paralysie

Les croyances: on ne s'intéresse pas à moi spontanément, séduire pour prouver sa valeur

Règles personnelles: pour faire ma place, je dois attirer l'attention, je dois éblouir et charmer totalement les autres

<u>Personnalité dépendante</u>

Ce sont des personnalités qui recherchent constamment à se rassurer et pour cela ils ont besoin d'une béquille. Ils ne font rien sans demander l'avis. Ils peuvent utiliser les jeux psychologiques lorsqu'ils se sentent attaqués mais comme tout le monde. On me fait mal je fais mal……Surtout dans le registre de l'enfant adapté voir victime. Des additions peuvent être possibles. De l'anxiété car manque de confiance.

<u>Caractéristique:</u>
- Besoin de l'autre=>l'autre est fort et je suis faible
- Crainte excessive de ne pouvoir se prendre en charge seul
- Besoin de soumission et de dépendance à autrui
- Peur d'être abandonné
- Capacité réduite à prendre des décisions
- Réticence à formuler ses demandes
- Retrait social malgré son désir d'être aimé et approuvé par autres

Les peurs Etre abandonné et de la et les envies de se laisser porter, capter l'affection des autres, être protéger, fusionner avec le milieu

<u>Comportement :</u>
- Ne peut se prendre en charge seul
- Cherche une béquille, besoin d'être protégé (recherche la fusion)
- Regard qui vous cherche sans cesse (chien battu)
- Gestes intériorisées
- Va chercher à mettre les autres en dépendance (pour les garder)
- Chantage affectif
- En cas de problème, il va chercher immédiatement de l'aide

- Ne peut pas contrarier les autres, donc ne verbalise pas ce qu'il pense

Les croyances personnelles: je suis faible et peu capable, les autres sont forts
Les règles personnelles: en cas de problèmes, je dois immédiatement chercher de l'aide, je ne dois pas contrarier les autres

Personnalité obsessionnelle compulsive
Ce qui la caractérise c'est son côté obsessionnelle, fermée un peu rigide

Caractéristiques

- Perfectionniste
- Souci excessif des formes et conventions
- Obstination, rigidité morale
- Insistance pour que les autres se conforment à sa propre façon d'être ou penser

Ses peurs :

- Ne pas se montrer parfait, perdre, se faire avoir, être pris en faute, ne pas être reconnu à sa valeur, être sale, être en dehors des normes

Ses envies :

- Accumuler, conserver, perfectionniste, faire respecter les règles, organiser, calculer, dominer, manipuler ou le contraire

Comportement:

- Ponctualité, rigidité
- Vêtements toujours parfaits, ainsi que le langage mot employés: parfait, exact
- Gestes saccadés
- Soucis du détail, se focalise et répète beaucoup tout en boucle)

- Soucis des formes pour soi et les autres
- Horreur de l'imprévu

Regard fixe, mental très actif et mouline, jeux psychologique, manipule son entourage pour les maintenir dans des jeux

TOC, obsessions, rites, surmenage, maux de tête, dos; risques de psychoses ou de délires= faisceau nerveux qui craque: parkinson, Alzheimer

croyances: il faut que les choses soient faites parfaitement, l'improvisation et la spontanéité ne conduisent à rien

Personnalité paranoïaque :

Caractéristiques: :
- Persécution
- Humeur taciturne maussade et méfiant
- Fausseté du jugement; sentiment de persécution, jalousie
- Sensibilité excessive aux échecs; mépris de l'autre
- Inadaptation sociale, on m'en veut, forcément je ne peux pas avoir d'amis, personne ne m'aime, je me renferme

Ses peurs :
- perdre, se faire avoir, être dépossédé, être dominé, détruit, être pris en faute

Ses envies
- S'opposer, s'affirmer par la contradiction, rationnaliser, se justifier, dominer, manipuler, punir

Les croyances: je suis vulnérable, les autres peuvent être contre moi et me cacher des choses.

Règles personnelles: je dois toujours me méfier et aller au-delà de ce qui est dit ou montré par les autres

Personnalité phobique

Caractéristiques:
- Semble apeuré tout le temps, peur irraisonnée, anxiété permanente
- Hyperémotif, hypersensible aux frustrations
- Anxieuse à l'excès, craintive, sur le qui vive
- Peur d'être abandonné
- Influençable
- Ne s'est pas emplie de sécurité

Ses peurs : n'a pas pu se remplir, ce qui entraine une hypersensibilité aux frustrations. Aime se laisser porter, capter l'affection des autres. Peurs de manquer d'amour de connaitre le vide

Ses envies :
- D'être aimé, se laisser porter

Comportement :

- Peurs irraisonnées
- Facilement influençable (peur d'être rejetée)
- Evitement
- N'aime pas être seule (sauf agoraphobe)
- Regard fuyant, plongeant
- Posture courbée
- Remontées émotionnelles importantes et retenues
- Anxiété, phobies, palpitations, sueurs, insomnies, tremblements, crise de nerfs etc...

Après nous allons trouver des personnalités un peu plus fermées limite psychose. La différence entre la névrose et la psychose c'est l'altération de la réalité. Dans la névrose la personne est toujours en lien avec la réalité dans la psychose ce n'est plus la même réalité, c'est la leur : Psychopathes, psychotiques, schizophrènes etc.

Je pense que déjà si vous vous lez bien vous regarder vous allez trouver à travers ces différents traits celle qui vous correspond le plus.

Notre inconscient collectif

Freud a basé ses théorie sur un postulat d'ordre sexuel ce qui a créé la séparation avec Jung qui lui favorise un inconscient collectif. Il est vrai que l'on se développe a travers des stades et que les évolutions vont développer chez nous nos zones érogènes et faire nos manques mais ce qui domine chez tous c'est bien notre inconscient collectif.

Nous faisons partie d'un tout et tout ne peut pas reposer que sur la réalisation de pulsions sexuelles même si celles-ci sont la source de vie.

Nous arrivons dans le monde à un endroit donné et nous prenons déjà l'inconscient de la région, de la famille et de l'histoire de celle-ci. Mais au-delà de ça il y a la création du monde et toutes les étapes qui nous conduisent jusqu'à nous. Nous sommes tous envahis de ce que l'histoire nous a laissé en héritage et nous portons tous les mémoires à travers notre façon d'être, de nous exprimer, de penser et d'être.

Si nous regardons en arrière, nous allons voir un passé rempli de morts, de sordides histoires de territoire, d'argent et de soif d'argent, de racisme, de violence.

Nous qui sommes nés que dans l'amour, notre valise et celle de nos enfants sont remplies de haine farouche envers l'homme et la planète.

Il n'y a que l'homme pour être dans une telle cruauté envers les siens.
Nous nous prenons la tête pour des futilités mais nous ne pensons même pas à dire bonjour, a regarder les gens. Nous ne nous connaissons pas et nous nous enfermons dans une sphère égoïste.

Notre tout pouvoir nous fait dire cela et faire cela mais qui dit ça ?

Vous avez peur de perdre le contrôle et pourtant vous vous laissez contrôler par votre mental et tout ce que la société veut y mettre dedans.

Vous pourriez reprendre le contrôle juste en vous écoutant en vous reconnectant à vos émotions en écoutant ce qui vous convient ou pas, en étant proche de vous. Mais au contraire vous écoutez ce que les médias disent, ce que la mode dit, et c'est tout le monde qui dirige votre vie.

Attention sortie de telle robe et bien combien vont allez se l'acheter pour être comme tout le monde même avant les autres car il y a les ventes VIP…..

Qui dirige ? Certainement pas vous. La société faite sur la consommation et surtout sur vos faiblesse de caractère car tout le monde vous manipule. Nous avons perdu notre libre arbitre, notre objectivité, notre vrai façon de ressentir et d'être. S'opposer aux autres est une force, ne pas être pareille si nous le sentons bon pour nous prouve notre honnête envers soi-même et que le discourt de l'autre ne nous influence pas dans nos choix. Etre différent c'est soi car à la base nous sommes tous différents puisqu'unique…Comment peut-on vouloir une société de clones ?

Posons-nous les bonnes questions : mais qui suis-je si je ne veux plus ressembler à tous ?

Combien viennent me voir aujourd'hui en thérapie, incapable de savoir ce qu'ils aiment ou n'aiment et ils parlent par la parole de l'autre. Les gens sont déconnectés d'eux même.

Je sais que les changements ne se feront pas en un jour, mais si au moins chacun pouvait y penser, laissez germer cette graine, peut être aurions-nous un magnifique résultat. Si chacun voulait commencer par s'aider, s'écouter sans jugement, juste avec le cœur, alors là, la vie deviendrait bien meilleur.

Pourquoi tant d'égoïsme ? Qu'est-ce que cela rapporte que d'être égoïste ? La méfiance, la fermeture, la colère, le scepticisme, la perte de confiance et l'intolérance.

Si je me concentre que sur mon moi et mon nombril, je ne vois pas le monde vivre autour de moi, je n'entends pas ce que les gens me disent. Je m'enferme dans ma tour d'ivoire en ayant peur que l'on vienne tout me prendre et je deviens paranoïaque.

Si je regarde les hommes politiques aujourd'hui j'ai le sentiment que nous sommes dans la cour de maternelle. Ils communiquent dans un registre d'enfant et ils veulent que nous les prenions au sérieux !!!!! Ils ont de l'humour.

Je ne sens pas en eux la flamme alimentée par le cœur mais plutôt par leur portefeuille. Arrivée à ce niveau nous ne devrions pas voir cela car nous pourrions penser qu'ils connaissent et maitrise la psychologie de la communication…..Hélas non. Ils maitrisent l'art de l'illusion.

Souvent les personnes me demandent « mais quel est le sens de ma vie ». Et moi je leur réponds que « le sens de notre vie ne se parle pas, il se ressent, nous savons être dans la bonne voie car nous sentons en nous l'énergie, comme quelque chose qui brille, qui nous rend heureux d'être là et de faire cela. Nous sommes animés. »Je ne pense pas que les hommes politiques soient animés de cette énergie c'est plutôt dessins animés…..

Je donne des formations dans le secteur social et je demande souvent aux gens de me dire qu'est que les a conduit dans ce chemin car on ne s'improvise pas » aide-soignante, infirmière ». il y a toujours une raison profonde mais y rester prouve bien que c'est notre voie.

Nous avons tous des capacités que nous ne connaissons pas car notre profonde dévalorisation ne nous permet d'entendre la voie de notre cœur. Nous n'utilisons que peu de nos capacités, quelle perte.

Je rencontre des personnes qui seront faites pour « soigner » ou « la relation à l'autre » d'autres dans la « gestion », il est important d'écouter ce qui bouge en nous afin de notre potentiel au service du collectif. Car c'est cela notre devoir, de nous mettre au service. Sinon à quoi servirions-nous ?

Notre devenir ne peut se faire seul et c'est en pensant au collectif et ce que je peux apporter que nous nous reconnectons. Que ferait l'homme s'il était seul, même s'il est riche que fera-t-il de sa richesse s'il n'a rien à acheter, à manger, à parler, a qui prouvera-t-il sa grandeur ? à lui ?????

Le manque que je vis de tous est le manque affectif pourquoi alors penser seul alors que le souhait de tous c'est de construire ensemble, de trouver de l'amour, de la tendresse. Pourquoi alors se séparer de ce que tout le monde veut. Quel paradoxe. L'homme est le pire saboteur pour lui-même que toute société, car la société n'est que le reflet de l'homme et lui rend ce qu'il a au plus profond. Effet miroir.

Changer ou vouloir changer notre société c'est avant tout a chacun de nous de changer notre façon de voir et de penser les choses. Rien ne peut arriver en dehors, nous l'avons vu attentes frustrations. Mais commençons par nous changer, nous reconnecter à nous même, a comprendre et à acquérir les connaissances pour se changement.

Personne ne peut rien pour nous sinon nous.

L'ignorance est la pire des choses car elle ne génère que de la colère. Combien de combat ou de conflits trouvent leur source dans l'ignorance. Les façons de penser appartiennent à chacun mais si nous ne disons pas les autres comment les autres peuvent-ils savoir ce que nous voulons. Nous ne sommes pas Nostradamus…

Apprenons à communiquer. A dire ce que nous ressentons, ce que nous souhaitons ou pas. Personne ne peut remettre en cause votre façon de voir les choses car elle vous appartient et votre perception a pris source dans votre histoire.

Carl Rogers en parle de cette communication bienveillante dans le respect et dans l'écoute. Nous avons tous pour pouvoir réussir mais nous ne faisons rien. Sinon critiquer. Mais la critique est dans l'inaction. La réalisation n'attend pas de grands mots justes des actes. Si vous avez besoin de « critiquer » apprenez à le faire en parlant de vos sentiments sans apporter de jugement de valeur sur telle ou telle personne. Il est plus facile d'entendre dire » je n'apprécie pas ce que vous écrivez » plutôt que « c'est de la m…..ce que vous écrivez ». Sentez-vous la différence. Dans le premier cas nous pouvons entendre que l'œuvre ne vous plait pas pour X raisons souvent personnelles, dans la deuxième c'est j'assassine la personne par un jugement sur son travail donc je la dévalorise » jeux psychologiques…..certaines œuvres dérangent mais elles sont là pour ça.

Aujourd'hui notre système de communication est à revoir. Dès que nous ouvrons la bouche les trois quart des gens se sentent agressés et répondent agressivement. Chaque fois que nous voulons communiquer une chose ce n'est pas pour agresser l'autre mais pour dire une pensée, un questionnement. Alors pourquoi se sentir agressé ? Si déjà nous prenons conscience de notre façon de communiquer qui par de l'émetteur et qui exprime une émotion, un sentiment qui lui appartient sans jugement de valeur sur l'autre c'est déjà très bien. Maintenant pourquoi cette réaction en nous ?

Tout simplement parce que ce qui est dit dans l'instant réveille une souffrance dans notre histoire. Histoire qui nous est propre et dont l'interlocuteur ne connait rien. Ceci devrait attirer notre attention car cela montre les parties qui restent en souffrance en nous. Nous devrions remercier les gens qui nous font vivre ces remontées car ils pointent juste ce qui nous reste comme travail.

Pourquoi devant certaines personnes nous avons le sentiment d'être petit, vulnérable, pas à la hauteur ? Posez-vous la question quelle scène je suis en train de revivre ou ai-je déjà eu ce sentiment et avec qui ? et vous verrez des choses surprenantes, l'histoire de vos souffrances enfin révélées. Merci à la vie et à tous ceux qui sont au tour de nous pour nous les montrer.

Encore un bel exemple que nous ne pouvons être seul….

L'être humain est fait pour vivre en collectivité. Nous avons un besoin d'échanger. Les banalités s'appellent des strockes suivant l'analyse transactionnelle d'Eric Berne. Vous avez vu comme les gens échangent en banalités. « Bonjour, ça va « et bien sûr ça n'attend pas de réponse c'est un échange non productif….Le plus triste c'est qu'il y a beaucoup de personne qui ne sont que dans les banalités et ne se permettent plus d'aller plus loin.

Je vais pousser un peu plus loin. Pour atteindre l'intimité il faut vraiment être dans son état émotionnel d'enfant libre qui vit et exprime ses émotions, combien y sont réellement ? Je n'ose imaginez ceux qui pensent « alors si je fais dans cette position cela apportera du mieux » ou « je n'ose pas me déshabiller qu'est ce qu'il va penser de moi, j'ai de grosses fesses….. » etc Là on est dans du mental donc pas de place à l'intimité. Atteindre l'intimité c'est se lâchez, ne plus être mentalement mais que dans les émotions, les sensations……

Nos émotions sont de véritables révélateurs de notre bienêtre. Si je sens de la colère c'est que qu'elle que chose qui se passe devant moi me dit que cela ne me convient pas. La peur met notre corps en alerte pour se préparer à un danger éventuel, la tristesse nous indique une fin, un deuil, et la joie juste que l'on est bien dans une énergie de vie.

Les comprendre, les entendre c'est se comprendre et s'écouter….Comment écouter l'autre si l'on ne s'écoute pas soit même ?

Les émotions et le stress

Qu'est-ce que le stress

Le stress (en anglais *pression émotionnelle*, de l'ancien français *destresse*), ou syndrome général d'adaptation, est l'ensemble des réponses d'un organisme soumis à des pressions ou contraintes de la part de son environnement. Dans le langage courant, on parle de stress positif (*eustress* en anglais) ou négatif (*distress)*

C'est le mécanisme du syndrome d'adaptation, c'est-à-dire l'ensemble des modifications qui permettent à un organisme de supporter les conséquences d'un traumatisme naturel ou opératoire.

Il y a deux sortes de stress :

- **EUSTRESS en période d'agression, La personne déclenche une réaction adaptée, puis elle revient à son état normal de santé.**

- **DISTRESS : La personne déclenche une réaction inadaptée = état de santé perturbé (dû à des carences par exemple).**

Le stress qualifie à la fois une situation contraignante et les processus physiologiques mis en place par l'organisme pour s'y adapter. À court terme, le stress n'est pas nécessairement mauvais, sinon indispensable, mais ses effets à long terme peuvent engendrer de graves problèmes de santé. Chez l'homme adulte, le stress peut avoir des origines physiques, chimiques ou psychiques. Dans la société actuelle, les causes psychiques sont les plus fréquentes, notamment en milieu professionnel. Le stress fait partie des troubles psychosociaux

L'être humain a été doté au cours d'une évolution portant sur quelques millions d'années de mécanismes neurobiologiques lui permettant de s'adapter à toutes les modifications de son environnement, qu'elles soient physiques, sociales et/ou psychiques. Comme l'a démontré Claude Bernard, l'organisme vivant doit maintenir son équilibre interne) en mobilisant l'énergie utile aux processus d'adaptation. Cette adaptation est nécessaire lors des variations de l'environnement, en particulier vis-à-vis des stimuli d'agression physiologique et psychologique. C'est cette réponse aux stimuli qu'on nomme désormais stress. L'homme vit en état permanent de stress, stimulation nécessaire aux rythmes biologiques.

Mais si un certain niveau de stress est nécessaire à la vie, le dépassement d'un certain seuil peut devenir dangereux voire fatal, s'il outrepasse les capacités d'adaptation de l'organisme, d'où l'apparition de maladies qui peuvent être rapidement mortelles. Cette relation stress/maladie apporte bien une nouvelle dimension à l'approche médicale classique. Les travaux de Hans Selye Physiologie et pathologie de l'exposition au stress ont fait de ce concept le nouveau « malaise dans la civilisation » et ont suscité maintes recherches surtout dans les pays anglo-saxons.

Actuellement le stress est le seul concept médical, admis par la communauté scientifique, qui fait un pont entre le psychisme et les maladies somatiques via les réactions neuro-hormonales. Cette réaction démontre la participation du cerveau dans la genèse des maux du corps. Le Professeur J. L. Dupond, Chef du Service de Médecine Interne du CHU de Besançon, est l'un des pionniers français qui a mis en exergue le rôle du stress. Dès 1987, il écrivait que « la médecine moderne a rassemblé en quelques années suffisamment d'arguments cliniques, biochimiques, neurophysiologiques et immunologiques pour accorder à l'**immunopsychopathologie** le droit de naître... »

Le Professeur Dupond, s'appuyant sur de multiples travaux internationaux, attirait l'attention du monde médical, jusqu'alors sourd, sur l'action du stress. Il montrait son influence sur l'équilibre immunitaire, avec son intervention dans certains processus d'immuno-suppression, expliquant la survenue de diverses infections, dans les allergies ou dans certaines maladies auto-immunes (maladies de système), voire dans les cancers. L'adaptation de l'organisme à l'environnement extérieur est en effet sous le contrôle de trois systèmes d'intégration qui assurent l'homéostasie interne : ce sont les systèmes nerveux, endocrinien et immunitaire. Le premier permet la transmission de signaux de type électrique modulés grâce à des neuromédiateurs ; le second utilise des messagers moléculaires ou " hormones " qui circulent et transmettent une information spécifique à distance ; le troisième transmet des messages grâce à des cellules qui circulent dans l'organisme et produisent localement des molécules actives, les "cytokines " et les anticorps

Connotation négative

Le stress a souvent une connotation négative parce que les gens l'associent à la peur ou la colère, qui sont des émotions qui nous perturbent. Cependant, une grande joie, un grand succès peuvent aussi provoquer des réactions physiologiques (tension musculaire, fatigue, etc.). Il y a deux types de stress : le stress aidant, bénéfique pour notre organisme (« eustress ») et le stress nuisible, gênant (« dystress »). Si le niveau de tension est adapté à la situation, à l'action, il est bénéfique. Si au contraire, il n'est pas adapté, disproportionné, il y aura encore plus de tensions et donc, des conséquences physiologiques et psychologiques. On peut donc affirmer que le stress, c'est l'ensemble des réactions de l'organisme (positives ou négatives) à une demande d'adaptation.

Il faut savoir que le stress existe depuis très longtemps déjà. Les humains ont toujours dû faire face à des situations déstabilisantes et qui provoquent un déséquilibre. Aujourd'hui, nous connaissons ces nombreuses situations. Ce sont par exemple, nos inquiétudes concernant notre avenir économique, la vieillesse, la santé, le décès d'une personne proche, etc. La plupart du temps, nous nous contentons d'essayer de résoudre le problème sans essayer de savoir d'où il vient.

L'homme va donc percevoir les demandes de son environnement, les traiter, et tenter de réagir à ces dernières par le biais d'une gamme de comportements innés et acquis qui constitue un « potentiel personnel » de réponse, potentiel pouvant différer grandement d'une personne à l'autre. La plupart des chercheurs s'intéressant au stress s'accordent à dire que le stress a un rôle à jouer dans ce potentiel personnel de réponse. Cependant, c'est au niveau de la nature de ce rôle que les scientifiques n'ont pas trouvé d'accords.

Le stress pouvait avoir comme cause une excitation émotionnelle. Ainsi la non-spécificité serait due à des stimuli présentant un point commun qu'est l'émotion. Nous verrons par la suite que cette non-spécificité peut en effet être remise en doute, de même que le lien unique entre le stress et l'émotion

Réactions du stress en nous

Un événement stressant provoque une réaction en chaîne qui débute dans le cerveau et aboutit à la production de cortisol par les glandes surrénales. Le cortisol active alors en retour deux zones du cerveau : le cortex cérébral pour qu'il réagisse au stimulus stressant (fuite, attaque, immobilisation...) et l'hippocampe, qui va apaiser la réaction. Si le stress est trop fort ou prolongé, l'hippocampe saturé de cortisol ne peut plus assurer la régulation. Le cortisol envahit le cerveau et installe une dépression. Les zones altérées sont l'hippocampe, l'amygdale, le cortex cingulaire antérieur et le cortex préfrontal.

Les phases du stress
D'après Hans Selye, le syndrome de stress évolue en suivant trois stades successifs:

- « Réaction d'alarme » : les forces de défense sont mobilisées
- « Stade de résistance » : adaptation à l'agent stressant
- « Stade d'épuisement » : inexorablement atteint si l'agent stressant est suffisamment puissant et agit longtemps

La phase d'alarme :
L'agression, c'est l'hypothalamus qui réagit.
Il a deux solutions, si c'est un stress aigu, le système nerveux orthosympathique va gérer le problème. Si c'est un stress chronique, c'estl'axe hypothalamo-hypophyso-surrénal qui va tenter de régler le problème.

La phase de résistance :
Après 6 mois de stress consécutifs, on estime que la personne rentre en phase derésistance, selon la durée, l'intensité du problème, et selon la réserve en micronutriments, elle va basculer en phase d'épuisement.

La phase d'épuisement : elle va conduire la personne à l'épuisement par un manque de minéraux, de vitamines…

En temps normal, le corps a besoin pour fonctionner de vitamines, minéraux…

Or, en cas de stress, l'organisme puise dans les réserves (si celles-ci sont fournies).

Si les réserves ont été épuisées, cela peut conduire à des problèmes dépressifs

Les causes

On a l'habitude d'associer le *stress* à des situations créées par des relations humaines (passage d'un examen, conflit interpersonnel...) mais ce syndrome se manifeste pour tout changement : voyage (choc culturel, décalage horaire), changement climatique (par exemple lorsque l'on sort dans le froid), événement professionnel (licenciement, nouveau travail, changement d'équipe, changement d'école), événement familial ou sentimental (déménagement, mariage, divorce, naissance, décès, nouvelle rencontre, dispute), changement corporel (adolescence, ménopause)...

Liste non exhaustive des causes du stress :

- - La cadence de la vie professionnelle.
- - Le trajet entre le domicile et le travail.
- - La non-reconnaissance de certaines professions.
- - Les relations conflictuelles au travail.
- - Le manque de temps pour s'occuper de ses enfants.
- - L'emploi du temps déborde, car on s'investit trop (en plus du travail, on
- fait partie d'une association, on éduque ses enfants, les courses, les
- invitations, le sport, le ménage, les amis…La charge sociale est trop
- importante.
- - Le sentiment d'insécurité qui se développe, peur des attentats, peurs pour
- ses enfants, peur de mourir, peur d'avoir un accident de la route, peur de
- perdre son travail, peur d'être verbalisé, peur d'être agressé…

- - Le manque de repos.
- - Une mauvaise alimentation.
- - Les maladies psychiques comme la dépression, l'anxiété, la crise
- d'angoisse.
- - Un choc émotionnel (deuil par exemple).
- - Les problèmes sociaux (problèmes d'argent, dettes, solitude…).
- - Le sommeil insuffisant.
- - La lumière artificielle.
- - La sédentarité.
- - La dépendance à certains produits comme le café, l'alcool, le tabac…
- - Un énervement.
- - Le surmenage.
- - Un événement heureux ou malheureux.
- - Les problèmes administratifs.
- - Les infections.
- - Le cancer et les pathologies lourdes…
- - La pollution chimique.
- - La pollution électromagnétique.

Les stress psychologiques :

- - Les regrets.
- - L'indécision.
- - La peur de l'échec.
- - Les pensées négatives.
- - Trouver un sens à sa vie.
- - Etre perfectionniste, vérifier plusieurs fois que tout est bien fermé, par exemple.
- - Le manque de détente.

- - La peur du lendemain.
- - Le manque de reconnaissance.

Reconnaitre une personne stressée

- Cela peut-être :
- - un mal de tête,
- - des migraines à répétition,
- - un mal de ventre,
- - une douleur au plexus solaire,
- - la perte d'appétit,
- - la prise de poids,
- - la perte de poids,
- - l'envie d'aliments sucrés,
- - l'envie de fumer, chez quelqu'un ayant arrêté,
- - des moments de déprime,
- - le dégoût de faire des choses du quotidien,
- - les difficultés d'endormissement,
- - les réveils au milieu de la nuit,
- - les larmes aux yeux facilement….

Que font les personnes stressées?

- Compensent: alimentaires, achats, cherche une reconnaissance, ou fuit

Atteintes physiques (somatisation)

- Tachycardie
- Sueurs
- Insomnies
- Énervement, colère

- Tristesse
- Gastrique, intestins,
- Musculaires
- Concentration
- Fatigue
- Allergies, angines, plus fragile

<u>Emotionnelles</u>
- Labilité émotionnelle
- Pas la bonne émotion au bon moment
- Colère, tristesse

<u>Que se passe t il?</u>
- On peut voir qu'une fois la personne prise dans un environnement stressant sur un temps assez long, elle se recentre sur elle-même et ne peut plus se décoller de sa personne, elle se sent atteinte en elle-même. Elle prend alors une position de victime . Elle n'est plus dans l'objectivité et ne le peut plus.
- Ce qui peut entrainer des cas de suicide.

<u>Les alertes de notre corps</u>
- Les messages somatiques
- Les messages émotionnels
- Les messages extérieurs

Les techniques libératrices

Eviter le stress en cultivant la pensée positive

Émile Coué de la Châtaigneraie est né le 26 Février 1857. Il est le fils d'Exupère Coué employé des chemins de fer, et de Catherine Prévost.

Émile Coué est un élève brillant qui souhaite devenir chimiste, mais son père n'a pas les moyens de lui payer de longues études. Malgré des origines qui remontent à la petite noblesse bretonne, la situation de la famille Coué est modeste.

Monsieur Delaunay, pharmacien à Troyes, propose de le prendre comme commis dans sa pharmacie. L'obtention d'un diplôme de pharmacie passe par un stage préalable de trois ans en officine. C'est l'occasion pour Emile Coué de rester proche de la chimie.

En 1882, il obtient avec succès son diplôme de pharmacie; il lui reste à trouver les moyens d'en racheter une ! Un collègue de Monsieur Delaunay lui propose de l'associer à sa pharmacie, Emile Coué saisit l'opportunité et s'installe à vingtsix ans comme pharmacien à Troyes.

On peut dire que Coué est le père de l'auto-suggestion.
Ce qui est très intéressant, c'est que cette façon de prévenir les problèmes de santé et de se soigner est gratuite et à la portée de tous.

Comment ca marche?
Notre subconscient est le siège de notre état physique et mental, et c'est par notre imagination que l'on peut agir sur celui-ci.

Selon Coué, lorsque l'on imagine que l'on va réussir quelque chose, on réussit. Pourquoi ? Parce que l'on a programmé en nous l'image de la réussite !

De même, avec le stress, il faut apprendre à réagir face à une situation stressante en visualisant l'image positive et en cultivant la pensée et la réaction positive.

Il faut distinguer ensuite l'imaginaire de la volonté, avec la méthode Coué, on utilise l'imaginaire uniquement, il agit favorablement sur notre subconscient.

La méthode Coué :
Emile Coué a mis au point une méthode très efficace et fort simple : il suffit de répéter 3 fois par jour, 10 fois de suite à voix haute une phrase qu'il a mis lui-même au point.

Définir son projet
Pour arriver au résultat souhaité, il faut imaginer (c'est-à-dire prévoir) un but défini. En effet, pour atteindre son objectif, il faut déjà savoir ce que l'on veut précisément.

Déroulement de l'autosuggestion :
Pour un effet maximal, il faut pratiquer l'autosuggestion, dans un moment de détente et de relâchement. Cela peut se faire durant une séance de respiration, à la pause, en se promenant en forêt, en prenant un moment pour soi.

Parler à haute voix :

Répéter plusieurs fois de suite (10 fois de suite et 3 fois par jours selon Emile Coué) :

"Tous les jours et à tous points de vue, je vais de mieux en mieux.

<u>Reprise des faits</u>

- Que se passe t il? Quelles sont les conditions,
- Être dans le constat pas dans l'émotion Etat des lieux

<u>Trouver des solutions</u>

- Analyser le problèmes et apporter des solutions objectives
- Travailler sur la reprise du calmer, gestion des émotions

<u>Les émotions</u>

- Comment les vit on? Est-ce la bonne émotion du moment ou une remontée de mon histoire?
- Si oui l'exprimer
- Si non la garder en mémoire et y revenir y travailler plus tard. La situation ne demande pas de vous soigner mais une réponse à la souffrance de l'autre. Si non on passe dans notre scénario de vie et nous ne pouvons plus accompagner.

<u>Qu'est ce que c'est?</u>

Ce sont des alertes, des signes que quelque chose se passe qui nous dérange que nous sommes en désaccord avec l'intérieur et l'extérieur: colère , la peur, la tristesse, que ca ne correspond pas à nos attentes ou ce sont aussi des réactions immédiates et normales.

<u>4 émotions</u>

- **La peur**: réaction aux dangers qui donne un dynamisme indispensable. C'est la notion de base. Elle peut avoir un effet paralysant ou fuir.

  La seconde notion au niveau psychologique: peur de perdre le contrôle, de l'inconnu, du changement, de se perdre, de ne plus savoir, de ne pas être parfait

- **La tristesse** :Réaction normal face à un évènement traumatique, ce qui peut entrainer une dépressionOù c'est pas juste, dévalorisation profonde, mésestime de soi, et on passe dans la victime, câlimerot

- **Colère** :Réaction immédiate, effet dynamique pour arrêter, courageOu injustice, persécuteur, procédurier Position du persécuteurDévalorisation de sa personne cherche une reconnaissance en l'autre ou la faute en l'autre pour paraitre parfait

- **Joie** :Bien être, paix intérieur réaction logique et immédiate face à des évènements heureuxOu vouloir être le sauveur à tous prix

- **L'empathie** : C'est comprendre l'émotion de l'autre, la vivre, mais ne pas si coller dessus, elle ne nous appartient pas et ce n'est pas notre histoire. Elle peut réveiller des choses en nous mais ce n'est pas le moment

ASSOCIATION CANADIENNE POUR LA SANTÉ MENTALE – CHAUDIÈRE-APPALACHES

Visitez notre site internet : **www.acsm-ca.qc.ca**

VINGT CONSEILS ANTISTRESS

1. Aimez ce que vous faites, vous l'apprécierez davantage et vous le ferez mieux

2. Inventoriez vos facteurs de stress. Éliminez autant que possible tous ceux qui sont contraignants et frustrant et inutilement

3. Ne cherchez pas à plaire à tout le monde, c'est IMPOSSIBLE.

4. Soyez vous-mêmes. Évitez de dépenser de l'énergie inutilement.

5. Faites-vous plaisir et pensez à vous.

6. Isolez-vous de temps en temps pour faire le point.

7. Extériorisez vos sentiments. Dites ce que vous pensez, ce que vous ressentez.

8. Pour éviter de les ruminer, faites face à vos problèmes.

Ne remettez pas au lendemain ce que vous pouvez régler tout de suite.

9. Évitez autant que possible les changements de vie importants et rapprochés. Les stress s'accumulent et n'ont pas le temps de se résorber.

10. Gardez-vous du temps pour vous pendant lequel vous pouvez pratiquer un hobby ou simplement rêver.

11. Faites deux pauses quotidiennes de relaxation (15 minutes).

12. Faites de l'exercice, dépensez votre énergie. Hans Selye disait : À l'instar de la nourriture que l'on apprécie davantage lorsqu'on a faim, pour jouir pleinement du repos, encore faut-il être fatigué.

13. Laissez votre voiture au garage de temps en temps pour marcher. Ne sacrifiez pas des temps de loisirs.

14. Régularisez votre vie. Ayez une alimentation saine et dormez selon vos besoins.

15. Commencez votre journée par un vrai repas au déjeuner.

16. Souriez. Vos rapports avec votre entourage n'en seront que meilleurs.

17. Respirez profondément lorsque vous êtes énervé. Faire attention à sa respiration élimine déjà une grande partie de l'énervement.

18. Réapprenez l'amour (par le massage et les caresses). L'amour est le meilleur calmant des nerfs.

19. Fuyez le bruit, n'écoutez plus la télé pendant les repas. Ménagez-vous des instants de silence et de calme.

20. Prenez un bain chaud de 15 - 20 minutes chaque soir. Rien de tel pour se détendre.

Visitez notre site internet : www.acsm-ca.qc.ca

ÉCHELLE D'ÉVALUATION DU STRESS

Le stress, qu'il soit positif ou négatif, peut vous affecter ; nous vous invitons à évaluer votre niveau de stress avec le test suivant :

Événement vécu   /valeur points/vos points

1. Décès du conjoint/ 100 /_____

2. Divorce /73 /_____

3. Séparation entre les conjoints /65 /_____

4. Peine de prison// 63/ _____

5. Décès d'un proche parent/ 63/ _____

6. Dommages corporels, accidentels ou maladie /53 /_____

7. Mariage /50/ _____

8. Congédiement/ 47 /_____

9. Réconciliation avec le conjoint /45 /_____

10. Mise à la retraite /45 /_____

11. Modification de l'état de santé d'un membre de la famille/ 44 _/_____

12. Grossesse/ 40 /_____

13. Difficultés d'ordre sexuel /39 /_____

14. Arrivée d'un nouveau membre dans la famille /39 /_____

15. Réajustement des rapports commerciaux ou professionnels/ 39 /_____

16. Modification de la situation financière/ 38 /_____

17. Décès d'un ami intime /37 /_____

18. Exercice d'une activité professionnelle différente/ 36 _/_____

19. Modification de la fréquence des querelles avec le conjoint /35 _/_____

20. Hypothèque importante /31 _/_____

21. Saisie d'une hypothèque ou d'un emprunt/ 30 /_____

22. Changement dans les responsabilités au travail /29 /_____

23. Départ d'un fils ou d'une fille du foyer /29 /_____

24. Difficultés avec les beaux-parents /29 /_____

25. Actes dignes d'éloge ou succès personnel important /28/ _____

26. Début ou arrêt de l'activité professionnelle de l'épouse /26/ _____

27. Début ou fin des études /26 /_____

28. Modifications des conditions de vie /25 /_____

29. Modifications des habitudes personnelles/ 24 /_____

30. Difficultés avec le patron /23 /_____

31. Modifications des heures ou conditions de travail/ 20 /_____

32. Changement de résidence/ 20 /___

33. Changement d'école/ 20 /_____

34. Changement dans l'exercice d'activités récréatives /19 /_____

35. Changement dans les activités exercées dans le cadre de l'affiliation à une église/ 19 /_____

36. Changement au niveau des activités sociales /18 /_____

37. Hypothèque ou emprunt d'un montant moins important /17 /_____

38. Changement dans les habitudes de sommeil /16 _/_____

39. Changement dans le nombre de réunions familiales /15 _/_____

40. Modifications des habitudes alimentaires/ 15 /_____

41. Vacances /13 /_____

42. Noël /12 /_____

43. Infractions mineures à la loi/ 11 _/_____

Interprétation :

La liste ci-dessus est une échelle typique permettant de mesurer les répercussions des changements survenant dans l'existence.

Faites le total des points obtenus pour tous les événements survenus dans votre vie pendant l'année écoulée.

Si votre total est **inférieur à 150**, votre situation est comparable à celle de la moyenne de la population et vos risques de contracter une maladie grave sont d'environ 30% (ou moins).

Si votre total est **entre 150 et 300**, vous courez environ 50% de risques d'être sujet à une maladie.

Si vous **dépassez 300 points**, vous avez 80 / 90% de risques de subir un changement sérieux de votre état de santé.

Source : C.A.P. Santé Outaouais, Mieux-être en tête, Votre guide d'animation, juin 1994

Je vous invite à aussi allez voir le test pour le Burn out

Burn out syndrome ou syndrome d'épuisement professionnel: échelle MBI (Maslach Burn Out Inventory)

L'automassage au travail : une pause détente à s'octroyer

Quelle que soit la fonction occupée, chaque travailleur accumule les tensions physiques et mentales au fil de la journée. Pour évacuer ces crispations, n'hésitez pas à vous octroyer quelques minutes de pause détente en réalisant un automassage sans bouger de votre bureau.

Un automassage pour évacuer les tensions au niveau du cou et des épaules
Les tensions sont surtout constatées au niveau du cou et des épaules. Pour vous détendre, posez votre main gauche sur votre épaule droite et remontez doucement vers la base de votre crâne. Continuez le massage sur le côté droit du cou, redescendez la main vers l'épaule et poursuivez dans le prolongement de votre bras. Arrêtez-vous au coude. Remontez vos mains en direction du cou et réitérez le mouvement 3 fois avant d'opérer de la même façon sur le côté gauche.

Ensuite, exercez une pression sur chaque épaule avec la main opposée. Relâchez et continuez en pétrissant la partie supérieure de vos bras. Faites des pressions circulaires à l'aide des doigts de chaque côté de votre colonne vertébrale en faisant remonter le plus haut possible. Vous éviterez d'accumuler les tensions si vous ne restez pas trop longtemps assis. Ne gardez pas une position statique pendant des heures d'affiliée. Levez-vous de temps à autre.

Un automassage pour soulager la fatigue oculaire
Les personnes qui doivent passer 8 heures devant l'écran d'un ordinateur ont forcément les yeux fatigués en fin de journée. À cela peuvent s'ajouter les maux de tête et de dos. Dès que vous sentez que vous avez la migraine, plaquez la paume de vos mains sur le visage. Remontez-les vers le sommet du crâne puis continuez le mouvement derrière la tête. Séparez vos mains lorsque vous parvenez à la base du crâne. Passez-les de chaque côté du cou et continuez le massage sur les épaules.
Si vous avez les yeux fatigués ou ressentez des picotements, fermez les yeux pendant quelques secondes et placez dessus vos deux mains après les avoir frictionnés l'une contre l'autre. Ce mouvement doit être répété plusieurs fois pour avoir un résultat tangible. Pour éviter d'arriver à une telle phase de fatigue oculaire, pensez à lever de temps en temps vos yeux de l'écran. Jetez un coup d'œil alentour. N'oubliez pas non plus de vous masser les mains qui sont mises à rude épreuve pendant toute la journée.

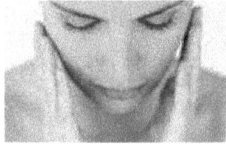

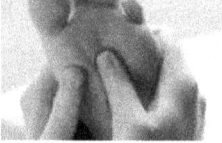

Conclusion

- Le stress est une réponse de notre organisme aux évènements extérieurs qui ne sont pas en réelle accord avec nous-même. Le fait de ne pas s'écouter, de ne pas se respecter pousse l'individu dans les limites de son organisme et à se détruire car il va à l'inverse de lui-même et de sa façon d'être ou de penser. Il est important de se connaitre et de savoir que l'on souhaite et ce que l'on ne souhaite pas. S'adapter à des conditions que nous ne supportons pas va vers notre destruction. Peut-être faut-il alors se dire que ce système ne nous convient pas ou tout du moins à notre organisme. Y a-t-il des solutions ou peut il y en avoir? Si non il est des fois préférable de renoncer. Pourquoi nous obstinons nous? Quelles est la raison réelle et personnelle qui nous pousse? Sentiment d'échec?

- Soyez honnête envers vous et ne pas attendre de reconnaissance extérieure la reconnaissance doit venir de nous-même ?

<u>Le toucher dans la relation</u>

Il est important pour commencer de reprendre la définition du toucher dans les dictionnaires à disposition du grand public.

Il peut être employé en tant que verbe ou en tant que nom commun.

Le Larousse nous donne la définition du toucher comme nom commun :

- celui des 5 sens à l'aide duquel on reconnaît, par le contact direct de certains organes, la forme et l'état extérieur des corps. Il englobe cinq sensations : contact, pression, chaleur, froid, douleur.

- Impression produite par un corps que l'on touche.

Le Nouveau Petit Larousse en tant que verbe :

- Mettre la main au contact de quelque chose, de quelqu'un pour apprécier l'état.

- Entrer, être au contact physique avec quelque chose ou quelqu'un.

- Etre contigu à, en contact avec.

- Entrer en relation, communiquer avec.

<u>Hi</u>storique

- Ashley Montagu définit le toucher comme étant une émotion

- *« l'action ou l'acte de sentir quelque chose de la main, la forme active du mot est sentir bien que le toucher ne soit pas en soi une émotion ses éléments sensoriels induisent des changements d'ordre nerveux, glandulaire, musculaire et mental qui l'apparentent à une émotion. »*

43

Nous comprenons à travers ces définitions énoncées que le toucher est un des sens de notre corps qui permet de nous situer dans le monde, l'espace dans lequel nous vivons.

Ashley Montagu le précise bien, *« Il est que la forme décisive de notre relation aux choses est le toucher. Le toucher et le contact sont nécessairement les éléments les plus décisifs que nous utilisons pour définir la structure de notre monde. Le toucher est différent des autres sens car il implique toujours la présence conjointe et inséparable du corps que l'on touche et de notre propre corps avec lequel nous touchons !* Montagu A. La peau et le toucher, premier langage, Edition Seuil- p 86 (1979)

Le toucher est la sensation personnelle par excellence ! « Pour la plupart des gens, les moments les plus intimes de la vie sont associés au changement de texture de la peau.

La peau se durcit et se change quasiment en cuirasse lorsqu'elle refuse le toucher. Sa texture se modifie et s'anime pendant l'acte d'amour, ou prend une qualité de velours lorsqu'elle est satisfaite. Ce sont là autant de messages d'un corps à l'autre qui ont une signification universelle. »

Le toucher fait donc partie de nos cinq sens et est le plus important de notre corps. *« Sans doute est-ce celui qui intervient le plus dans les phénomènes de veille et de sommeil. Il nous donne la notion de la profondeur, de l'épaisseur, des formes. C'est par notre peau, grâce au toucher, que nous ressentons, aimons, détestons. »*

<u>La peau</u>

La peau peut-être définie comme l'organe du toucher.

« La peau est une ancre rattachant le sujet au monde, elle donne un sens à la compassion, la gratuité, ou plutôt la générosité, un geste en fait tout son prix. Montagu A. La peau et le toucher, premier langage p 158 (1979)

Montagu A. La peau et le toucher, premier langage p 9 (1979)

La peau est la surface la plus étendue du corps, elle représente environ 60% du corps.

Elle est extrêmement riche en récepteurs (1 500 000), ce qui lui permet de saisir et de comprendre les messages rapides et complexes notamment lors d'une agression douloureuse.

C'est donc un organe de perception et d'émission.

La peau est une sorte d'enveloppe protectrice qui filtre les échanges entre le corps et l'environnement extérieur. Selon **Didier Anzieu** : *« De tous les organes des sens, c'est le plus vital : on peut vivre aveugle, sourd, privé de goût et d'odorat. Sans l'intégrité de la majeure partie de la peau, on ne survit pas. »*

La peau est messagère de tout un vécu psychologique, émotionnel et spirituel.

Le toucher est le premier sens à apparaître et sans doute le dernier à s'éteindre.

En effet, comme le décrit **Ashley Montagu** le toucher est très important dans les premiers moments de la vie :

- *« Dans son hôpital le Dr J.Brennemann décida que chaque bébé orphelin serait porté et pris dans les bras, promené, « materné », plusieurs fois par jour. A New York, à l'hôpital Bellevue où ce régime de soins maternels avait été institué dans les services de pédiatrie, le taux de mortalité infantile des moins d'un an tomba de 30-35% à moins de 10% en 1938.*

- *On découvrit que pour s'épanouir l'enfant a besoin d'être touché, pris dans les bras, caressé, cajolé.*

- *Nous voulons insister ici sur l'importance du toucher, des caresses, des étreintes, car mêmes si bien d'autres choses lui manquent, il semble que*

ce soient là les sensations sécurisantes dont il a besoin
fondamentalement pour survivre et avoir un minimum de santé. »

Le toucher est un sens qui à aussi un rôle à jouer au niveau physiologique, entraînant
des réactions du corps notamment lors de lésions douloureuses Anzieu D Le moi
peau- Edition Dunod p 92 (1995) Montagu A La peau et le toucher- Edition Seuil p
69 (1979)

La peau et le toucher

Il y a une mémoire de la peau. La peau se forme avant la huitième semaine du
développement. C'est avec le toucher, le sens premier du corps humain. C'est le
premier sens du fœtus. Elle représente 20% du poids total du corps. Elle a quatre
fonction:

- -fonction physiologique: nous protéger des agressions mécaniques et des
  radiations. La peau est un système vivant.

- c'est un organe sensoriel.

- c'est un régulateur thermique.

- c'est un organe métabolique.

La peau est un système adaptatif. Elle nous permet d'avoir des interactions qui ne sont
pas forcément conscientes. On s'est aperçu dans les années 20 que la peau était un
mode de socialisation, un mode d'intégration dans les groupes.

La toilette, le léchage, le soin corporel ont une fonction très importante, qui est une
fonction de sécurisation, de reconnaissance chimique.

A l'inverse, les animaux et les enfants qui ne sont pas touchés, qui n'ont pas eu de soins dépérissent.

Pour être socialisé, il faut être touché.

<u>Le toucher et la culture</u>

- le toucher constitue un moyen important de faciliter un attachement sécurisant entre les parents et les enfants.

- Grâce au contact physique, le parent communique directement son amour, son affection et son respect à son enfant.

Le fait de toucher un bébé, de le prendre, de le serrer contre soi ou de l'embrasser favorise non seulement son développement, mais aussi la formation d'un attachement sécurisant

- **Mode instinctif et culturel des contacts,** le toucher **diffère suivant les époques et les ethnies,** tisse la trame des relations humaines, perpétue aussi certains schémas aliénant de la communication. Le toucher - ou l'absence du toucher - a une signification symbolique et culturelle qui est un comportement appris.

On observe un codage différent selon les sociétés.

- Certains **Indiens Américains** interprètent une poignée de main vigoureuse comme un acte agressif et sont choqués par une poignée ferme et prolongée.

- Les **Vietnamiens** peuvent craindre de heurter l'épaule de quelqu'un puisqu'ils croient que l'âme peut quitter le corps à la suite d'un contact physique et qu'une maladie peut en résulter.

C'est la tête de l'être humain qui est pour eux le siège de la vie, elle est donc très personnelle.

- Whitcher et Fisher rapportent dans une étude hospitalière que **les femmes** montrent des réactions étonnamment positives au fait d'être touchées, se manifestant par un abaissement de leur pression sanguine et de leur niveau d'anxiété préopératoire.

  - N'Guyen et Coll et Hollender (Cité par Diane Saulnier dans S'accommoder des pertes sensorielles : le toucher, Université de Montréal.) expliquent que chez la femme, le toucher effectué par un individu de sexe opposé est considéré comme l'expression d'amitié, de chaleur, d'amour, de réconfort et de protection. La population féminine montre une plus grande réceptivité que le sexe masculin au contact tactile en provenance des personnes étrangères. Les hommes, eux, craignent l'envahissement de leur territoire, si aucune justification du toucher ne leur est offerte au préalable .

- Sans tenir compte du sexe, il a été démontré que **ceux qui sont le plus mal à l'aise avec le toucher, sont ceux qui sont le moins à l'aise avec les autres moyens de communication et ont le moins confiance en eux** (J. Newman, Soins infirmiers interculturels).

- D'autres études ont montré que **ceux qui touchent le plus, sont les moins soupçonneux et craignent le moins les motivations et les intentions des autres**. Ce sont eux aussi qui ont le moins d'anxiété et de tension dans leur vie quotidienne.

- Les messages relationnels négatifs et les tabous ennemis du contact gestuel entrent en jeu pour freiner le contact, de même que le regard et/ou le jugement d'un tiers.

  - **Nous avons reçus lors de notre enfance des interdits culturels et ils se sont inscrits dans notre histoire.** Ils font partie de notre imaginaire corporel et constituent des barrières, des paramètres, des interdits qui nous empêcheront d'entrer en contact ou de partager la tendresse. **La signification que l'on accorde au toucher dépend du vécu de chacun, de son éducation.** Les facteurs tels que l'âge, le sexe, la situation (Dans certaines situations, le toucher peut être déconcertant car il est signe de pouvoir : il est habituellement considéré comme peu convenable qu'un inférieur touche un supérieur.) et le besoin de se sentir proche de quelqu'un, influencent directement les réactions de l'individu. L'ensemble crée des difficultés à oser : oser aller vers l'autre, oser recevoir.

  - Le message que communique le toucher dépend à la fois de l'attitude des personnes en présence et de ce que veut dire "toucher" pour chacune d'elles.

L'attachement: les enfants sont attachés à la mère ou au père parce qu'il y a un contact corporel avec l'enfant. Il y a une mémoire de la peau. Il y a une empreinte sur le corps qui est à la fois sensorielle et psychique.

La culture et le toucher: d'une part il y a les soins l'acceuil... et de l'autre le contexte culturel dans lequel 'enfant sera éduqué. Il y a des sociétés qui vont favoriser le toucher, qui essentiellement des sociétés latines... et de l'autre côté, les peuples

Anglo-saxon qui sont fondés sur l'évitement, l'absence de contact. Suivant les cultures, il y a des seuils de proximité, d'intimité.

Alors qu'avons-nous peur de perdre en ne nous touchant plus ? Les choses qui nous touchent actuellement ce sont les vexations que l'on reçoit. Quand on prend conscience de tout ce qui se passe à travers un contact pourquoi s'en privé ?.

Il n'y a pas que le coté sexuel mais aussi une peur que l'autre dans notre monde, dans notre domaine et de se sentir envahi, dévasté, incrusté.

Il parait normal de toucher un enfant, la preuve tout le monde vient à la naissance d'un enfant pour le voir, le toucher, l'embrasser. Une fois devenu grand, tout s'arrête surtout on lui dit « ça ne se fait pas ». Mais qui a dit cela ?

Bien sûr, nous n'allons pas rentrer dans l'inverse mais un contact réel est plus porteur qu'une main tendue sans intention, toute molle et sans regard.

Le corps est-il devenu la forteresse du sexe ? Interdit sinon attention danger…..

Nous faisons tout pour nous éloigner.

Malheureusement, ce toucher peut être aussi dommageable. Combien de personne ont subi dans leur corps défendant une agression. Le corps d'un enfant, si fragile et vulnérable, livré aux attentes de personnes qui ne sont que dans des pulsions non canalisées. Pourquoi alors que l'enfant attend de ses parents un rôle éducatif, une protection, certains y rencontrent de la violence, de la maltraitance ? Pourquoi faire passer des caresses sexuelles comme étant normales car je suis l'autorité dans la famille mais cela reste notre secret. Combien de secret non-dit ?

L'enfant est un être pur qui ne demande qu'à aimer et recevoir de l'amour. Il n'y a pas de méchanceté en lui et par de simples gestes conscients pour les adultes sa vie va basculer. Rien ne s'efface il y a aura une mémoire qui rester dans ce corps meurtri, dans cette peur non évacuée, dans cette colère d'injustice……

C'est d'autant plus grave que l'adulte est conscient ….

Encore un travers du plaisir à tout prix….

Je regarde la télévision, et je m'informe sur le Congo ou les femmes sont violées ainsi que les enfants ? Les hommes n'ont-ils que de la force dans leur virilité ?

La force de la femme réside dans sa reconstruction. Elle ne se laissera pas aller et elle reprendra sa vie. Ses femmes aujourd'hui la bas nous donnent une leçon de vie. De leur vécu elles en feront leur force. Elles vont se reconstruire avec l'aide de médecins et autres et allées contre ce régime.

Pourquoi notre société, dite civilisée reste sans rien faire ? Nos dirigeants sont-ils là juste pour compter les finances.

Au moyen âge, ils devaient la protection….

J'ai entendu tant d'histoires que les mots m'en manquent, qu'une nausée continue d'être présente. Je suis de tout cœur avec vous tous qui avez vécu des choses difficiles, je vous souhaite d'allez-vous aussi de l'avant et que de ces expériences cela devient votre force. Car à travers ces expériences, nous prenons conscience de nos capacités, de notre volonté et comment mieux parler de choses si difficiles qu'en les ayant vécues.

Conclusion

- Le toucher est le premier moyen de communication, qui permet de nous faire comprendre et de comprendre l'autre.

- Il se fait un échange, un lien de confiance ou l'autre s'abandonne dans nos bras et ou il passe un ressenti très fort. C'est un partage d'émotions.

- Nous ne pouvons pas mettre une barrière dans une telle proximité . Celui qui accepte le massage, se livre à nous, profitons pour comprendre les émotions qui agissent en lui, mettons nous à l'écoute et cela nous permettra de rentrer en communication, et en compréhension. Si l'on souhaite aider une personne , il nous faut la comprendre et gentiment l'emmener dans notre monde. Il n'y a que si l'on se sent compris et entendu que l'on accepte de changer de position.

Rien ne doit se faire par la force car le mental a ce moment là bloque .

Lettre à mon corps de Jacques Salomé

Bonjour mon corps, C'est à toi que je veux dire aujourd'hui, combien je te remercie de m'avoir accompagné depuis si longtemps sur les multiples chemins de ma vie. Je ne t'ai pas toujours accordé l'intérêt, l'affection ou simplement le respect que tu mérites. Souvent je t'ai même ignoré, maltraité, matraqué de regards indifférents, de silences pleins de doutes, de reproches violents. Tu es le compagnon dont j'ai le plus abusé, que j'ai le plus trahi. Et aujourd'hui, au mitan de ma vie, je te découvre un peu avec des cicatrices secrètes, avec ta lassitude, avec tes émerveillements et avec tes possibles. Je me surprends à t'aimer avec des envies de te câliner, de te choyer, de te donner du bon. J'ai envie de te faire des cadeaux uniques, de dessiner des fleurs sur ta peau par exemple, de t'offrir du Mozart, de te donner les rires du soleil, ou de t'introduire aux rêves des étoiles. Mon corps, aujourd'hui je veux te dire que je te suis fidèle. Non pas malgré moi, mais dans l'acceptation profonde de ton amour. Oui, j'ai découvert que tu m'aimais, mon corps, que tu prenais soin de moi, que tu étais vigilant et étonnamment présent dans tous les actes de ma vie. Combien de violences as-tu affrontées pour me laisser naître, pour me laisser être, grandir en toi ? Combien de maladies m'as-tu évitées ? Combien d'accidents as-tu traversés pour me sauver la vie ? Combien d'abandons as-tu acceptés pour me laisser entrer dans le plaisir ? Bien sûr il m'arrive parfois de te partager et même de te laisser aimer par les autres, par une que je connais et qui t'enlèverait bien si je la laissais faire... Mon corps, maintenant que je t'ai rencontré, je ne te lâcherai plus...

Nous irons jusqu'au bout de notre vie commune et quoiqu'il arrive nous vieillirons ensemble. Jacques SALOMÉ »

Les Mémoires

A travers nos enfants ce sont nos mémoires nos souffrances qui se réveillent. Un enfant est le révélateur de nos blessures non guérie, nos problématiques de vie, de nos mauvais choix.

Il y a bien en eux un inconscient car eux ils ne connaissent pas l'histoire de la famille, ou société et pourtant ils savent.

J'entends souvent « ils le font exprès » et bien non chers parents, ils ne font pas exprès. Ils testent et ils reproduisent. Un enfant nait avec pas la connaissance de la langue, donc aucun vocabulaire, tout à apprendre. C'est un disque dur vierge. Vous ne demanderiez rien à votre ordinateur s'il n'avait aucun logiciel. Commençons par apprendre les logiciels et les modes d'emploi après nous continuerons notre travail d'apprentissage.

Le petit être ne vit que de ses ressentis, il perçoit, il restitue. Ce qui fait que s'ils nous sentent fatigués ils vont être encore pire car cela les déstabilisent ils ont peur de se retrouver seuls. Pour connaitre votre état émotionnel regardez vos enfants.

Lorsque certains paraient viennent me voir et me disent : » il m'énerve mon enfant. Je ne le supporte plus ». Qu'est-ce que vous ne supportez plus et qu'il vous renvoi ? »Souvent ils font le retour dans nos vie avec nos parents et une attitude d'enfant et l'on se retrouve enfant aussi et au lieu de lui expliquer et bien on se chamaille comme deux enfants, comme à la télévision aux débats politiques.

Nous sommes adultes pour leur montrer. Nous ne sommes pas là pour qu'il règle nos problèmes d'histoire avec nos parents ou autre. Ils n'ont pas à subir nos mémoires, nos mauvais traitements et nos colères.

Parce que le conjoint nous énerve, on s'en prend à son fils, « t'es bien le même que ton père ». Cela pourrait être gentil mais l'intonation fait ressentir à l'enfant que ce n'est pas du bon, au contraire.

Si l'on apprenait à regarder nos enfants on apprendrait ce qui ne va chez nous.

Ils sont aussi le reflet de ce qui se joue en internet et à travers leur maux c'est souvent nos blocages émotionnels.

Une enfant faisait, angine sur angine et lors de ma visite, je demande à la maman s'il y a des choses qu'elle n'arrivait pas à dire ? Et là elle se met à pleurer et m'explique que son papa est parti à l'âge de sa fille et qu'elle l'avait toujours en travers de la gorge. L'attitude de la maman au vue de l'âge traumatique renvoyait des choses à la petite mais elle ne savait pas et ne pouvait pas dire car il lui manquait la compréhension.

C'est Willy Baral qui en parle très bien dans un de ses livres. Les enfants sont l'histoire de la famille.

Si nous ne pouvons pas débloquer ou parler de ces émotions non évacuées, elles restent et finissent par sortir en somatisation. Nos enfants nous aident à nous guérir.

Somatisation du corps c'est

Traduire des conflits psychiques en troubles somatiques, en maladies fonctionnelles. Mot grec soma : le corps. C'est donc la traduction de notre état intérieur par le corps.

Si l'on s'en refaire à la médecine chinoise, toutes les émotions ont un organe maitre. Donc si l'on est trop dans une on appauvrit l'organe qui est derrière et donc on va moins bien fonctionner.

La colère à comme organe le foie

La peur : les reins

La tristesse : les poumons

La joie : le cœur.

Il a été mis en évidence que lorsque l'on vit un traumatisme au sens propre du terme donc il faut que l'évènement soit vécu seul, sans personne pour en parler, qu'il n'y a pas de solution il y a des chances que la personne développe un cancer dans les 5ans à venir et qui aura dans sa localisation le symbolique de la situation.

Par exemple une femme perd un enfant, elle peut développer un cancer soit du sein soit de l'utérus. Une femme vit une rupture soudaine l'image de la femme étant les seins ou si profonde dévalorisation les os.

La méthode vient du Docteur RG Hamer qui fut très controversée mais qui aujourd'hui a permis une avancé dans l'étude de certains cancer. Bien sûr qu'une fois le cancer en place il est important de le traiter mais d'en comprendre la cause évitera des récidives. Il a mis la « médecine nouvelle germanique » et en France Christian Flèche « psycho bio thérapie par le décodage biologique ». Vous pouvez lire aussi Guy Corneau « guérir ».

Que nous renvoi donc nos chers petits êtres ? Mémoire psychique et résonnance.
Tout champ électromagnétique a la capacité de mémoriser des images et des sons (DVD) et des données abstraites (ordinateur)

Application le caractère magnétique et subtil de ce plan émotionnel ou sensible, implique que tout évènement vécu à ce niveau, heureux ou malheureux (couple de contraires) soit mémorisé.

Toute mémoire active constitue une zone de blocage dans la libre circulation de l'énergie. En psychologie, ces mémoires, suivant leur importance croissante, s'appellent complexe, névrose ou psychose quand l'aura émotionnelle est saturée de sorte qu'un clivage s'établit entre la personne et le monde extérieur, s'exprimant par un trouble de communication majeur d'une nature ou d'une autre.

La loi de création et la loi de la résonnance.

Loi de création:

Une mémoire est de la matière vivante: elle irradie donc de l'énergie en relation avec sa nature, "bonne ou mauvaise". Cette énergie magnétique est attractive de ce qui résonne avec elle, de ce qui la renforce. Renforcée, la puissance de son magnétisme s'accroit et finit par l'intégrer à la substance de la forme qui l'abrite (le corps émotionnel). Intégrée, cette mémoire devient un automatisme, et en terme de comportement un instinct ou une habitude qui lutte constamment, comme tout ce qui vit, pour son expression.

Création=> attraction/renforcement=> intégration (automatisme)

Autrement dit, ces mémoires, une fois intégrées (acquises), constituent l'innée et se reconnaissent à une marque: elles passent définitivement en dessous du seuil de la conscience, la libérant pour de nouvelles tâches évolutives (instincts et automatismes corporels). Ainsi s'installent de nouvelles habitudes qui avec le temps, produiront un nouveau rythme stabilisé: de nouvelles opportunités deviennent alors possibles.

Loi de la résonnance:

Nos mémoires émotionnelles en irradiant de l'énergie attirent à elles, suivant la loi d'affinité, d'autres auras émotionnellement de même nature et de polarité égale ou inverse (capable de les combler): les évènements physiques, quels qu'ils soient, s'en suivront alors inéluctablement.

Comme les micro-organismes au sein de notre corps physique, ces mémoires restent latentes jusqu'à "ce que leur heure soit venue", c'est à dire que le facteur extérieur en affinité avec leur vibration se présente inévitablement, attiré par "l'odeur de l'affinité". Alors ces mémoires se réveillent et jouent leur musique, souvent non reconnues par la mémoire qui y voit bien souvent du....nouveau.

Tout d'abord créé un canal, moyen de transfert d'énergie d'un émetteur à un récepteur. Plus l'accord est précis, plus le canal est ouvert et plus la dépense d'énergie est minime pour effectuer le transfert (ex: verre en cristal, pont de fer, cordes de violon....) Moins l'accord est précis plus le transfert et le phénomène provoqué sont faibles

Il existe un spectre vibratoire fait d'harmoniques supérieurs et inférieurs, qui sont pour les sons par exemple, le son à l'octave, et à l'intérieur de l'octave, la tierce et la quinte. Ces Harmoniques permettent aussi l'établissement d'un canal.

Si deux ondes sont cohérentes dans l'espace (même longueur d'onde), dans le temps (phase) et dans la polarité, elles s'ajoutent: phénomène d'amplification. Si elles sont de polarités opposées, elles s'annulent: processus d'annulation des mémoires.

En l'absence de vibration du récepteur, l'onde est réfléchie et revient à l'émetteur (retours de bâtons et loi d'équilibre)

Tout cela vous renvoi au fait que les premières thérapies vont être en résonnance avec votre vécu, votre histoire. Si vous travaillé sur vous, tout va bien, vous serez à distance de la situation énoncée, sinon vous allez partir très vite dans votre histoire de vie.

L'inconscient collectif : votre partie d'ombre.

Il faut être conscient que nous avons tous en nous une partie que nous n'aimons pas qui fait partie de notre partie sombre. Or, il va falloir l'accepter car elle fait partie de vous. Apprenons à nous aimer tels que nous sommes et non pas tels que nous voudrions être, à travers le philtre de la société.

Les solutions proposées

EFT regroupe un ensemble d'outils permettant de travailler sur le corps émotionnel. Les émotions non dites laissent une cicatrice somatique dans le corps physique. et l'ors d'un massage on réveille l'émotion. Corps émotionnel très réactif, corps physique: récupération du mental et de l'émotionnel par la digestion si pas possible se répercute en somatisation sur les points les plus faibles.

La colère: mécontentement, opposition, désaccord
la joie: satisfaction, bonheur, plénitude
la tristesse: peine, douleur, désarroi, deuil
la peur: danger

Les émotions ne sont pas traduites de la même façon chez tous. (racket)travail sur les émotions: EFT et AT (scénario de vie, les rackets, collection de timbres, l'égogramme émotionnel, les permissions, le rêve, amphithéâtre psychologique, l'expression orale, l'écriture, le dessin, les jeux de rôle; techniques corporelles.

La cause de toute émotion négative est une perturbation énergétique du corps.
La procédure de base se subdivise en 4 étapes:

- la préparation
- la séquence
- la gamme des neufs actions
- la séquence

La préparation: évaluer le niveau de charge émotionnelle lié au problème de 0à 10. Nous faisons une insertion psychologique en mettant en place une phrase positive exemple: même si j'ai ce problème, je m'aime et je m'accepte complètement. Dire l'affirmation 3 fois en tapotant le point de Karaté.
ensuite vous faite la séquence . Dire la peur en faisant la ronde. Vous faites la gamme des neufs actions puis refaire les 2 séances.

La communication dans le conflit

Comment communiquent-ils ? Est ce qu'ils communiquent ou ils attendent que l'autre devine ?

La première des choses est de les réinvestir dans le dialogue. Qu'éprouvent-ils ?
S'ils ont à se communiquer entre eux qu'ils se servent de leur ressenti, sur l'émotion ; par exemple au lieu de dire « tu m'énerves » qui n'as pas de sens car l'autre n'est pas celui qui énerve mais celui qui répond pas à notre demande donc c'est que nous sommes dans une attente et s'il n'arrive pas : frustration.

L'énervement que l'on ressent peut aussi être une souffrance du passé qui est réactivée par le comportement de l'autre à l'instante. Mais l'autre n'y est pour rien.
Il est plus juste de dire « je sens de la colère ou de l'irritation maintenant dans ce qui se joue »

Si l'on utilise le « tu » on porte un jugement et ferme le dialogue car l'autre se sent accusé.

L'utilisation des jeux psychologique est utilisée dans les disputes. Toute dispute part d'un jeu psychologique.

Le jeu psychologique part d'un persécuteur P

Envoi un appât a une personne qui devient victime V

L'appât est une phrase négative que l'on va recevoir en plein ventre, on sent l'émotion immédiatement monter. On a envie de se justifier ou de crier.

En règle générale la victime ne se laisse pas faire et contre-attaque en envoyant à son tour une mesquinerie et de victime elle devient à son tour persécuteur et le jeu tourne ainsi jusqu'à ce que le première persécuteur arrête en disant par exemple : « bon puisque l'on ne peut pas te parler restons en-là » et s'en va….ce qui laisse l'autre personne dans un état d'énervement très fort et qui va ruminer toute la journée.

Le but est de vider des émotions mais la personne n'a pas la possibilité de l'exprimer. Il faut toujours voir que le début d'un jeu psychologique est le reflet d'une souffrance non dite. Si la personne pouvait dire : par exemple « tu m'as manqué et j'ai eu mal de ton absence » elle parlera de ses sentiments de ce qu'elle ressent et cela n'entrainerai pas une dispute bien au contraire. Ce qu'elle va dire dans ce cas « j'étais bien sans toi » ou « tu me dis que tu étais au travail…. » Ce qui forcement active une colère de l'autre et une envie de se justifier. C'est le but. Il fait à tout prix les repérer afin de ne pas rentrer dans ce jarre de dialogue stérile. Si on sent l'émotion monter en nous c'est un appât donc se dire il y a souffrance en l'autre au lieu de répondre.

Les maladies psychosomatiques Les Troubles les plus fréquents

On appelle maladies psychosomatiques l'ensemble des troubles, syndromes ou symptômes ayant une base psychologique. Le facteur causal peut être le stress, le surmenage, l'anxiété, la dépression, l'insomnie et l'extrême fatigue...

Causes
Un trouble psychique comme le stress, l'anxiété ou la dépression modifie le système nerveux au plan moléculaire et cellulaire. Ces modifications se transmettent à l'organisme par interaction avec les systèmes endocrinien, immunitaire ou métabolique.

Dans le cas du stress, la surproduction d'adrénaline et de corticotrophine (ACTH) dans le cerveau provoque une hausse du cortisol sanguin. Cette hormone très puissante produit des symptômes directs :

- pâleur et hérissement de poils ou cheveux,
- ouverture des pores et suées,
- dilatation des vaisseaux et bronchioles pulmonaires,
- augmentation du rythme cardiaque,
  - diminution de sécrétion des enzymes digestives dans l'estomac et le ralentissement du transit intestinal (contractions musculaires moindres)?

Ces événements physiques accompagnent et parfois provoquent des réactions psychologiques : irritabilité, agressivité, tension, peur, etc. Répétés, ils induisent des déséquilibres dans l'organisme, avec éventuellement des réponses inflammatoires.

Troubles les plus fréquents

Un déséquilibre psychique va se traduire par des symptômes corporels. Les plaintes les plus fréquentes concernent :

- troubles digestifs et intestinaux (ballonnement, constipation, ulcère...) ;
- troubles cutanés (verrues, couperose, herpès nasolabial, aphte, psoriasis, eczéma...) ;
- troubles articulaires et musculaires (fatigues, douleurs, blocages...) ;
- troubles vasculaires (migraine, hypertension artérielle, infarctus, accident vasculaire cérébral...) ;
- troubles métaboliques (hypophagie ou hypophagie, retard de développement...) ;
  troubles sexuels (perte de libido).

Le trouble psychique initial n'est généralement pas la cause directe de ces pathologies, mais il forme un facteur de risque. Dans certains cas (douleurs ou sur inflammation notamment), la contrariété psychique semble être la cause directe du trouble.

Pathologies fonctionnelles digestives.

Elles sont de loin les plus fréquentes.

Au niveau de l'œsophage
 Dysphagies
 Spasmes de l'œsophage
 Troubles de la déglutition
 Reflux œsophago-gastriques

Au niveau de l'estomac
 Hyperchlorhydrie, gastralgies, gastrites
 Ulcère peptique
 Dilatation stomacale
 Aérogastrie
 Nausées, vomissements
 Difficultés de digestion
 Epigastralgies

Au niveau des intestins
Atonie ou hypertonie intestinale
Pneumatisme (aérocolie)
Diverticulite (pneumatisme associé â hvpertonie)
Troubles du péristaltisme
Constipation ou diarrhée
Troubles de la défécation

Colopathies fonctionnelles

Colites

Pathologies fonctionnelles cardio-vasculaires

Au niveau du coeur

Douleurs thoraciques: Précordialgies

Névralgies intercostales

Dorsalgies

Douleurs axillaires

Douleurs de l'épaule ou du bras.

Arythmies et palpitations

Tachycardie ou bradycardie

Angine de poitrine

Au niveau des artéres et des veines

Hyper ou hypotension d'origine neuro végétative

Spasmes vaso-constricteurs des membres

Acrocyanose

Troubles de la vaso-motricité cérébrale (migraines)

Pathologies fonctionnelles respiratoires

Asthme

Troubles du diaphragme

Troubles de ta cadence respiratoire : dyspnées

Polypnées

Dilatation des bronches

Bronchite chronique

Emphysème

Toux

Pathologies fonctionnelles hépato-vésiculo-pancréatiques

Paresse vésiculaire

Difficultés de digestion

Migraines et cervicalgies

Pseudo PSH ou NCB

Pseudo épicondylite

Congestion hépatique

Coliques hépatiques

Ictère neuro végétatif

Diabète

Pathologies fonctionnelles de la sphère O.R.L

Troubles de la lacrymation

Troubles de l'accomodation

Myosis ou mydriase

Conjonctivite

Troubles des muqueuses naso-sinusales

Rhinites allergiques

Rhinorrhées

Rhinites atrophiques ou hypertrophiques

Sinusites

Troubles du carrefour trachéo-oesophagien

Migraines et céphalées

Algies vasculaires de la face

Acouphènes

Vertiges

Otalgies et parotalgies

Pathologies fonctionnelles génito-urinaires

Enurésie, anurie

Pollakiurie

Cystalgies

Algies pelviennes

Dysménorrhées, aménorrhées

Douleurs ovariennes

Congestions utérines

Troubles vaginaux

Stérilité

Déficience des contractions utérines

Pathologies fonctionnelles cutanées

Démangeaisons

Prurit

Urticaires

Eczéma

Verrues

Paresthésies et dysesthésies

Pathologies fonctionnelles hormonales

 Hypo ou hyperthyroïdie

 Insuffisance hypophysaire

Insuffisance surrénalienne

Pathologies fonctionnelles psychiques

Hyper ou hypo-activité intellectuelle

Anxiété

Etat dépressif

Angoisses

Cauchemars

Troubles de la mémoire

Retards scolaires

Insomnies

Somnolence et Hypersomnies

Hyperkinésie

Irritabilité ou agressivité

Asthénie

Anorexie ou hyperphagie

Troubles de l'éjaculation

Troubles de la lubrification vaginale

Impuissance

Pathologies fonctionnelles métaboliques

Spasmophilie

Tétanie

Asthénie musculaire

Obésité

Amaigrissement

Rétention hydrique

Cellulite

Pathologies fonctionnelles ostéo-articulaires et musculaires

Algies vertébrales et articulaires fugaces et erratiques

Douleurs musculaires

Hyper ou hypotonie musculaire

Pseudo tendinites

Faiblesse musculaire

Fatigabilité musculaire

Crampes

Paresthésies mobiles.

« Nous commençons à comprendre aujourd'hui que beaucoup de maladies courantes sont davantage dues au manque d'adaptation au stress qu'à des accidents causés par des microbes, des virus, des substances nocives ou tout agent externe ». Selye.

« Aussi, le stress est-il une illustration de la médecine totale, de la psychosomatique. Face à des philosophies ou des religions qui les dissocient, il réunifie le corps et l'âme ». Fauvet, 1980.

Pour Haynal et Pasini , Les modèles qui se dégagent des expérimentations plaident pour une acception très large du terme « psychosomatique », encore appuyée par les observations cliniques de ces dernières décennies (en particulier par les recherches menées dans les groupes Balint ou avec d'autres méthodes d'observation du champ psychosocial).

Notamment, il se décante une image de la maladie (et de la santé) dans laquelle différents facteurs jouent un rôle à des degrés divers.

Il est évident qu'une infection massive (par exemple lors d'accidents de laboratoire), avec des microbes hautement virulents, aboutit dans presque 100 % des cas à une maladie manifeste, tandis que dans des cas d'infection moins extrême, la résistance de l'organisme va jouer et, dans cette résistance, l'équilibre psychique de l'individu.

Pour des maladies infectieuses (comme la grippe, la tuberculose), des raisons psychosociologiques peuvent être responsables d'une baisse de résistance aboutissant à la maladie.

Dans cette perspective, pratiquement toutes les maladies peuvent être considérées comme des maladies psychosomatiques où les facteurs psychiques et somatiques joueraient des rôles d'importance variable.

A l'extrême, pour des raisons pratiques, on peut négliger la participation somatique (maladies purement « psychogéniques») dans certaines (par exemple l'anorexie), et à l'autre bout des états morbides pour lesquels la détermination somatique est prépondérante avec une participation pratiquement négligeable des facteurs psychologiques (par exemple certaines maladies infectieuses).

L'hypnose peut être aussi un moyen de travailler sur certains blocages. Le mental peut comprendre mais les émotions ne sont pas en accord. Cela permet de traiter en direct avec l'inconscient sur des injonctions, des drivers, des non autorisations et ainsi pouvoir débloquer des situations.

Gérôme Ettzevoglov parle très bien de cette spécificité dans son livre « de l'induction hypnotique ». Il est passé maitre de l'inconscient et la technique « hypnose flash « permettent de très bons résultats.

Comment avoir accès au monde de 'l'inconscient qui est source de notre savoir et de ce qu'il nous faut réellement. Par l'hypnose, le rêve, la méditation, le lâchez prise, les lapsus, actes manqués. Prenez le temps de voir à travers vos actes, vos pensées quels sont les messages.

Aujourd'hui la médecine serait peut-être à réviser. La médecine est importante car elle permet de mieux comprendre et de maitriser certaines maladies. Mais ayant rallongée la vie apporte-t-elle le bonheur jusqu'au bout ?

Ce que nous pouvons lui faire en retour c'est la sectorisation. L'être humain est traité que par les morceaux qui dysfonctionnent au lieu de le voir dans sa globalité, dans son histoire et son environnement. Un mal au genou et ce ne sera que le genou a être regardé. Au contraire, le genou qu'est qui empêche d'avancer, c'est le lien qui permet de bouger, quel est l'histoire derrière ? Si nous comprenions tous les maux, nous serions à même de savoir nos états émotionnels et de pouvoir nous en délivrer. Rien n'arrive au hasard et tout est source de réponse. La maladie a son sens dans l'histoire de la personne. Même si nous la vivons de façon injuste, elle apporte de réponses, créait des liens. Michel Oddol « dis moi ou tu as mal « en parle de la somatisation, des rapports entre le corps et l'esprit. Nous pourrions tous nous soigner nous même

L'homme à l'image de l'univers

L'homme ne fait pas exception dans ce grand ensemble. Il est constitué également de ces trois aspects indivisibles qui sont appelés chez lui : le physique, l'énergie et le psychisme.

L'être humain est ainsi formé d'un corps physique, que nous connaissons et qui le met en relation avec son environnement. Mais cet aspect ne constitue que la partie la plus « basse » (dans le sens « vibration lente ») de l'être humain. Car, il est aussi constitué d'autres « corps », les corps énergétiques qui sont de nature de plus en plus subtile : corps éthérique, astral, mental, spirituel et l'âme… chacun ayant un rôle dévolu. Le corps éthérique est le plus proche du corps physique auquel il sert de moule et de réservoir énergétique. Le corps mental sera le siège du raisonnement (bas-mental) et de l'intuition (haut-mental). Quant au corps spirituel, il est le siège de la conscience, on pourrait dire de l'esprit.

Pour vivre l'être humain a besoin d'énergie, comme une voiture a besoin d'une batterie pour fonctionner. Cette énergie a plusieurs origines. Il y a l'énergie ancestrale fournie à la naissance, l'énergie des aliments (il s'agit ici de vibration et non de calories) et de l'air respiré, l'énergie tellurique qui nous vient de la Terre, et l'énergie cosmique et universelle qui est fournie en permanence par l'univers (énergie prânique). Cette énergie va nourrir tous les corps, physique et énergétiques, de l'être humain en suivant un trajet bien précis : corps éthérique, chakras, méridiens, nadis, kundlini… . pour être ensuite éliminée du corps principalement au niveau des pieds et du chakra racine. Ces énergies sont relayées au niveau du corps par les nerfs et les hormones pour atteindre les organes, les tissus et le cerveau.

Quant à l'esprit, il est donc situé principalement au niveau des corps énergétiques et est en étroite relation avec le cerveau qui lui sert d'antenne relais. D'ailleurs, un élément très troublant démontre que le cerveau n'est qu'un émetteur-récepteur. L'étude du fonctionnement du cerveau à l'aide d'IRM fonctionnel (IRMf), a démontré que la zone d'action (motrice) d'un bras au niveau du cerveau est activée, avant même que le cerveau n'est donné l'ordre de bouger le bras. Alors il est logique de se demander qui commande ? Mais, si l'on considère que le cerveau n'est qu'une antenne relais de l'esprit qui lui, est situé dans les corps énergétiques, alors tout s'éclaire…

Luc Bodin en parle très bien a travers la médecine énergétique. Lui-même médecin il a su regarder, écouter et se remettre en cause. Rien n'est figé.

En Amérique le toucher thérapeutique est une discipline reconnue, pas chez nous elle n'est réservée qu'aux kinésithérapeutes ? Pourquoi, nous n'avons pas tous des mains et du ressentis ? Qui a peur de voir démunir ?

Le besoin d'être reconnu, sur son territoire. Mais le monde est grand et appartient de surcroit à personne.

Révisons notre façon d'être et notre vie va s'embellir
Apprenons à vivre ensemble avec nos différences qui font notre complémentarité
Apprenons à parler, à écouter et à ressentir
Redécouvrons notre vraie nature, notre être intérieur
Respectons-nous et respectons les autres
Apportons l'aide à tous car demain c'est peut-être nous
Laissons le mental pour ce qu'il est, un outil
Traitons l'être humain dans sa globalité et pas seulement des morceaux, nous sommes des touts
Apprenons à dire « je t'aime »
Ne passons pas à coté de nos vies, vivons les et profitons de tous les bienfaits de la planète
Entraidons nous car seul on ne peut rien
Acceptons nos histoires de vie et celles de nos proches
Aimons-nous pour le bien et le mal car nous sommes ni noir, ni blanc

Merci pour cette lecture qui je l'espère sera source de réflexions. Continuons à nous rejoindre dans l'esprit d'amour et de connaissance.
Je vous souhaite de vous trouver et de révéler le meilleur de vous car nous avons tous besoin de vous.

Tables de Matières

Les structures de personnalité...5

Notre inconscient collectif..15

Les émotions et le stress..21

Qu'est-ce que le stress..21

Connotation négative..23

Réactions du stress en nous..25

Les techniques libératrices..30

ASSOCIATION CANADIENNE POUR LA SANTÉ MENTALE – CHAUDIÈRE-APPALACHES 34

Visitez notre site internet : www.acsm-ca.qc.ca..34

ÉCHELLE D'ÉVALUATION DU STRESS..36

Conclusion..42

Conclusion..51

Lettre à mon corps de Jacques Salomé..52

Les Mémoires..53

Somatisation du corps c'est 54

www.ingramcontent.com/pod-product-compliance
Lightning Source LLC
Chambersburg PA
CBHW031523270326
41930CB00006B/508